Bibliografische Information der Deutschen Nationalbibliothek
Die Deutsche Nationalbibliothek verzeichnet diese Publikation in der Deutschen National-bibliografie; detaillierte bibliografische Daten sind im Internet unter http://dnb.d-nb.de abrufbar

© 2008 Bettina Wiedig
Herstellung und Verlag:
Books on Demand GmbH, Norderstedt

ISBN-13: 978-3-8370-6499-5

Bettina Wiedig

Mit liebevoller Konsequenz zum Ziel

Kleiner Leitfaden
zur Problembewältigung
in der Mensch-Hund-Beziehung

Forum
"Rocky`s Sprechstunde"
auf http://www.pfote-in-hand.de.vu

Vorwort

... wer hätte diesem kleinen Kerl widerstehen können?

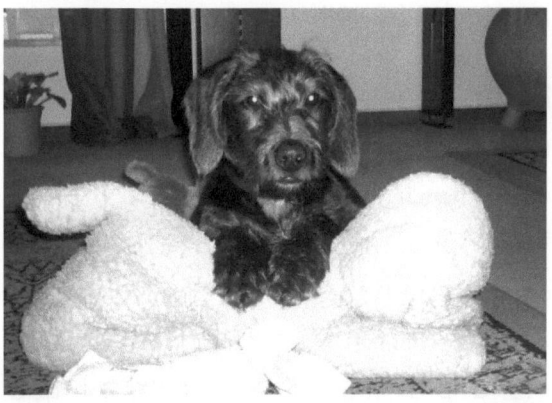

Ich sah Rocky im Internet auf der Homepage eines Tiergnadenhofes, der mittlerweile tierschutzrechtlich als nicht existenzberechtigt aufgelöst wurde. Im Nachhinein stellten sich katastrophale Lebensbedingungen für die Tiere heraus. So lebten die dort geborenen Welpen in einem winzigen Badezimmer. Auf kalten Fliesen, mit wenig Tageslicht und ohne Vorbereitung auf das Leben mit einem neuen Besitzer.

Rocky und ich besuchten zwei Jahre eine Hundeschule, absolvierten den Hundeführerschein und hatten viel Spaß beim Schnüffelkurs und an anderen Aktivitäten. Doch das wahre Leben fand außerhalb des Hundeplatzes statt, und dort gab es mit Rocky einige Probleme. Aufgrund seiner schlechten Sozialisierungsphase wies er arge Defizite im Umgang mit Menschen und anderen Hunden auf.

So begann ich, mich diesbezüglich weiterzubilden und auf unseren gemeinsamen Spaziergängen verbinde ich Spiel mit Unterordnungsübungen. Kontinuierliches Training haben aus Rocky und mir ein starkes Team gemacht.

Liebevolle Konsequenz ist das Schlüsselwort

Einleitung

Was gibt es Schöneres als das Zusammenleben mit einem Hund? „Nichts", werden Sie jetzt antworten, und doch tun sich ab und an Abgründe auf im Zusammenleben.

Wie nervt es Sie, wenn Sie mit Ihrem Hund das Haus verlassen und dieser Ihnen gleich das Schultergelenk auskugelt, weil er auf der anderen Straßenseite einen Artgenossen sieht und in der Leine hängt?

Was tun, wenn der Postbote täglich bei Ihnen an der Haustür klingelt und Ihr Hund jedes Mal einen „Bellanfall" bekommt.

Für diese und noch ein paar weitere Themen stelle ich Ihnen in diesem kleinen Leitfaden Lösungsmöglichkeiten vor, die Sie im täglichen Miteinander trainieren können.

Ich wünsche Ihnen und Ihrem Hund harmonische Übungsstunden und freue mich, dass Sie mit meiner Hilfe Ihr Ziel erreichen.

Ihre
Bettina Wiedig

**Es ist nicht genug zu wissen,
man muss es auch anwenden;
es ist nicht genug zu wollen,
man muss es auch tun.**

Johann Wolfgang Goethe

Warum ist der Blickkontakt so wichtig?

Der Blickkontakt ist das Verbindungsglied zwischen Mensch und Hund, das A und O in einer vertrauensvollen Beziehung. Ihre Handlungen sollen das Interesse Ihres Hundes wecken und das sich daraus entwickelnde Vertrauen stärkt die Basis zwischen Ihnen.
Auftretende Probleme im Alltäglichen entstehen erst gar nicht oder können schnell behoben werden.

Vorgehen
Der Blickkontakt muss sich lohnen! Ihr Hund befindet sich vor Ihnen im „SITZ", Zwischen Ihren Fingern befindet sich ein tolles Le-

ckerchen und Sie halten sich dieses zwischen Ihre Augen an die Stirn. Sagen Sie freundlich und motiviert seinen Namen, schaut er in Ihre Augen, also quasi zum Leckerchen, belegen Sie sein Verhalten mit „SCHAU MICH AN" und geben ihm unverzüglich das Leckerchen. Diese Übung lässt sich nach einiger Zeit dahingehend erweitern, dass Sie das Leckerchen zwischen Ihren Fingern am seitlich ausgestreckten Arm halten. Nun folgt ein „SCHAU MICH AN" und Ihr Hund wird sofort belohnt, wurd seinerseits der Blickkontakt zu Ihnen aufgenommen. Anfangs ist dieser Blickkontakt wahrscheinlich nur von einigen Sekunden, doch Sie werden sehen, wie schnell aus Sekunden Minuten werden.

Variationen

Ihr Hund befindet sich in Ihrer Nähe, sein Interesse ist allerdings auf irgendetwas gerichtet, nur nicht auf Sie! Bleiben Sie ruhig und bewegungslos neben ihm stehen, bis er sie kurz anschaut. Nur Geduld, irgendwann wird er es tun. In diesem Moment setzen Sie sich mit einer deutlich auffordernden Geste wieder in Bewegung, z. B. loslaufen oder herumtoben.

Sie fragen sich jetzt, was lernt mein Hund daraus? Nun, er verbindet ziemlich schnell, dass immer, wenn er den Blickkontakt zu Ihnen sucht, etwas Tolles passiert! Passiert nichts, was Ihren Hund interessiert, wird er den Blickkontakt zu Ihnen nicht mehr suchen und sogar einstellen.

Aufgabe
Sie rufen Ihren Hund freundlich und sehr motiviert zu sich heran. Kurz bevor er bei Ihnen ist, drehen Sie sich zur Seite, so dass er um Sie herumlaufen muss, um Blickkontakt aufnehmen zu können. Das ist der richtige Moment für ein Leckerchen oder ein Sozialspiel. Der Blickkontakt wird von Mal zu Mal verlängert, indem der Zeitpunkt der Belohnung hinausgezögert wird.
Die Kontaktaufnahme muss immer ein positives Erlebnis für Ihren Hund nach sich ziehen.

Warum bellt mein Hund Passanten an oder bekommt einen Bellanfall, wenn es an der Haustür klingelt?

Es gibt Hunderassen, die bellfreudiger sind als andere, z. B. Chihuahuas, Möpse, Schäferhunde oder Spitze hören gerne selbst ihre eigene Stimme, jedenfalls lieber als Chow-Chows oder Labradore. Aber selbst bei den bellfreudigen Rassen kann man das Bellen in den Griff bekommen. Beim Klingeln an der Haustür erlaubt man z. B. ein dreimaliges Bellen, gibt dem Hund dann das Kommando „AUS" oder „RUHE" und sobald Stille herrscht, wird gelobt. Beginnt der Hund danach erneut, erfolgt Ihrerseits wieder das „AUS" oder „RUHE" und sobald Stille ist – und wenn auch nur zum Luftholen – wird <u>sofort</u> gelobt. Nur so versteht das Tier, was wir mit dem Kommando meinen.

Die Frage, die wir uns sicherlich alle einmal stellen - Warum verhalten sich manche Hunde so? Hunde, die sich wie zuvor beschrieben verhalten, sind unsichere Hunde oder Hunde, die sich nicht ausreichend beschützt fühlen. Alles, was ihnen komisch vorkommt, muss sofort kommentiert werden, sie sind unsicher, wenn beispielsweise ein Kind auf einem Roller auf sie zufährt und müssen deshalb erstmal auf ihre Art „Weg da!" brüllen. Sie müssen lautstark die ganze Welt warnen, wenn sie im Treppenhaus ein Geräusch hören. Es sind solche Hunde, die ihrem Herrn nicht zutrauen, dass er die Situation im Griff hat und deshalb alles dafür tun müssen, weil es ja sein kann, dass der Briefträger ein verkleideter Schurke ist. **Kurz gesagt, Ihr Hund traut Ihnen nicht zu, dass Sie die Situation im Griff haben und dass Sie ihn beschützen können.**

Nicht nur für Sie, sondern auch für Ihren Hund ist eine solche Situation äußerst anstrengend, aber eins sollten Sie wissen, es handelt sich hierbei nicht um eine blöde Angewohnheit, sondern ein Problem, das sich nachhaltig lösen lässt.

Unsichere Hunde lieben Routine und Rituale. Abläufe, die sich immer wiederholen, geben dem unsicheren Hund Sicherheit. Sollte diese Art der Problematik in Ihrem Miteinander auftreten, können Sie offensichtlich Ihrem Hund nicht vermitteln, dass Sie der Rudelanführer sind, dass Sie ihn beschützen und er sich auf Sie vollkommen verlassen kann.

Denken Sie bei aller Problematik daran, dass Ihr Hund nicht aggressiv oder „böse", sondern unsicher ist. Diese Denkweise ist ein großer Schritt hin zum Ziel, die Gefühle Ihres Hundes in den Griff zu bekommen.

Sie wissen ja – nichts ist unmöglich und diese Art des Problems gehen wir so an:

Aufgabe:
Um Ihrem Hund eine Struktur zu geben, beginnen Sie regelmäßiges Gehorsamstraining, z. B. jeden Morgen während ihres Morgenspaziergangs eine Viertelstunde und/oder zweimal die Woche mit einem Hundetrainer. Allein durch dieses Ritual wird sich Ihr Hund sofort sicherer fühlen, weil Sie damit die Führung übernehmen.

Belohen Sie Ihren Hund ab sofort nur noch für Dinge, die er nach Aufforderung gut und richtig ausgeführt hat. Belohnungen gibt es nur, wenn es Taten zu belohnen gibt. Keinen Keks für sein niedliches Aussehen!

Nehmen Sie Ihren unsicheren Hund in einer Umgebung, die neu für ihn ist und/oder die er nicht einschätzen kann, immer an die Leine. Betrachten Sie die Leine nicht als Strafe, sondern als Ihren verlängerten schützenden Arm. Verbellt er Passanten, sprechen Sie nicht beruhigend auf ihn ein, denn Hunde hören nicht die Worte, sondern nur die Melodie. „Sei ganz ruhig Benny, du brauchst keine Angst zu haben" klingt in den Ohren Ihres Hundes genau wie „Braver Hund, sehr gut gemacht". Er ist daher in dem Glauben, sein Theater wird Ihrerseits unterstützt.

Ein unsicherer Hund sollte nicht vorausgehen, sondern hinter Ihnen, ansonsten bekommt er das Gefühl, die Rolle des Beschützers übernehmen zu müssen. Manche Hunde sind dieser Rolle überhaupt nicht gewachsen und völlig überfordert.

Wenn es also an der Haustür klingelt, ist nicht Ihr Hund der Erste, der den Besuch „begrüßt", sondern er macht hinter oder neben Ihnen „SITZ" und kann sich so anschauen, wie Sie die Situation „klären". Anschließend darf er selbstverständlich gerne den Besuch begrüßen.

Bei Handwerkern im Haus kann ich Ihnen nur einen Ratschlag geben,

Ihren Hund im Haus anzubinden, damit er nicht permanent das Gefühl hat, er müsse diese „fremden Personen" ständig begleiten, damit sie keinen „Unsinn" im Haus anstellen. Das Anbinden Ihres Hundes hilft ihm und auch den Handwerkern!

Der Erfolg:
Um das Selbstbewusstsein Ihres Hundes zu stärken, versuchen Sie täglich irgendein Abenteuer mit ihm zu erleben, eine neue Erfahrung, z. B. gibt es viel Lob, wenn er keinen Bellanfall bekommt, obwohl eine Kindergartengruppe an ihm vorbeiläuft.

Auch Spiele jeglicher Art machen „stark", ganz wichtig sind Spiele, die Training und Bewegung in sich verbinden. Hier einige Beispiele:

- durch einen Reifen springen
- im Wald auf Baumstämmen laufen
- „PLATZ" und „BLEIB" machen und dann auf Kommando zu Ihnen rennen
- Versteckspiele
- Apportieren
- Futtersuchspiele

Was tun bei aggressiven Hunden?

Die meisten dieser Hunde, sind keine geborenen Raufer, sie sind vielmehr dazu erzogen. Wie geht das denn werden Sie sich jetzt fragen...

Die meisten „aggressiven" Hunde haben keine bösen, aggressiven Besitzer, sondern meist sehr freundliche oder unsichere Halter, die darauf bedacht sind, ihren Hund zu Zeiten auszuführen, in denen kein Mensch mehr auf der Straße ist, die jedem anderen Hund aus dem Wege gehen, da sie ja wissen, dass Rüden einander grundsätzlich beißen und Hündinnen ihresgleichen auch nicht leiden können.

Ich sage Ihnen etwas... diese Gedankengänge sind schlichtweg falsch!

Schauen Sie sich mal um, auf jeder Hundewiese, in jedem Park spielen und kommunizieren Hunde jeden Geschlechts überwiegend friedlich miteinander. Sie beschnüffeln sich, zeigen auch gern ein wenig Dominanzgehabe und spielen oder gehen ihrer Wege.

Meistens sind es die weniger selbstsicheren Hunde, die Stunk machen, mit ihren Zähnen etwas beweisen müssen. Und das alles nur, weil sie sich von ihren Besitzern nicht genügend „beschützt" fühlen.

Zum größten Teil werden schon Fehler in den Anfängen der Erziehung gemacht.

Der kleine Welpe wird größtenteils an der Leine ausgeführt, damit er z. B. nicht weglaufen kann. Begegnet man einem anderen Hund, wird die Leine möglichst kurz und straff gehalten oder noch schlimmer – der Welpe wird auf den Arm genommen. Für den angeleinten Welpen bedeutet das, er kann weder aus dem Weg noch schnell weitergehen. Er ist seinem Halter ausgeliefert und auch dieser beobachtet mit großer Anspannung die Szenerie.

Stellen Sie sich vor, wie sich dieser kleine Kerl fühlen muss. Wenn er sich jetzt also fürchtet, bleibt ihm nichts anderes übrig, als seinem Stress mit Knurren und Zähnefletschen Ausdruck zu verleihen. Und nun tritt wahrscheinlich auch noch der größte Fehler des Halters ein. Der Welpe wird vom Halter mit den Worten: „Sei gaaaaanz ruhig, es ist alles guuuuuuuuuuuuut" besänftigt, evtl. wird er sogar noch gestreichelt.

Hunde verstehen aber nur unseren Tonfall, nicht die Worte, und so denkt der kleine Zähnefletscher, er wird für sein Verhalten auch noch gelobt.

Diese Sache verfestigt sich, je öfter so etwas er- und durchlebt wird. Das Ergebnis ist, dass ihr Hund verinnerlicht hat, wenn ein anderer Hund kommt, wird's hier aufregend. Mein Halter wird nervös, wenn ich aber ein Getöse an der Leine mache, haut der andere Typ ab. Ein super Rezept, um sich einen Raufer heranzuziehen.

Aber noch ist nicht aller Tage Abend. Einen solchen „Raufer" umzuerziehen bedarf es starker Nerven und so viel Selbstvertrauen, dass es für Sie Beide reicht. Ihr Hund zeigt Arten von Aggressionen, weil er das Gefühl hat, Sie können nicht auf sich selbst aufpassen und er muss Sie beschützen.

Fühlen Sie sich selbst ängstlich oder aggressiv, überträgt sich dieses Gefühl auf Ihren Hund. Strahlen Sie also Sicherheit und damit Führungsqualität aus, denn dann spürt ihr Hund, er kann sich auf Sie voll und ganz verlassen und wird sich entspannen.

Tipps:

- Ihr Hund muss nicht ständig überall und andauernd Dinge markieren. Er demonstriert damit Besitzrechte und mit der Einschränkung des Markierens grenzen Sie sein übersteigertes Revierverhalten enorm ein. <u>Anmerkung:</u> Normales Pieseln ist keine Dominanzdemonstration, permanentes Markieren dagegen schon.

- **Bewahren Sie Ruhe!**

Es nützt nichts, Ihren bellenden/aggressiven Hund bei Fehlverhalten anzuschreien, schlagen ist sowieso tabu! Schreien macht Hunde nur noch aggressiver und sie fühlen sich regelrecht angespornt. Nehmen Sie nicht die Leine kürzer oder bleiben wie angewurzelt stehen, im Gegenteil – lassen Sie Ihren Hund mit dem Rücken zu dem anderen Hund, der ihn so sehr aufregt, „SITZ" machen, gehen Sie mehrere Achten mit ihm, lassen Sie ihn „PLATZ" machen, sprechen Sie mit fröhlicher Stimme mit ihm, kurz gesagt – beschäftigen Sie Ihren Hund. .

- Ihr Hund sollte auf eine Hunde-gruppe nicht losstürmen, sondern bei Ihnen bleiben, bis Sie ihn mit einem „ok" oder „na lauf" freigeben. Notfalls werden einige Sitz-Übungen mit eingeflochten.

- Erlauben Sie Ihrem Hund nicht, fremde Hunde hinter einem Zaun „anzubrüllen", auch nicht, wenn diese es tun. Gehen Sie ruhig am Zaun vorbei, sprechen Sie mit Ihrem Hund, er soll Sie anschauen und sich auf Sie konzentrieren.

- Treffen Sie unangeleint auf einen „erklärten Feind" Ihres Hundes, drehen Sie sich sofort um und gehen Sie zügig und ohne sichtbare Nervosität in die entgegengesetzte Richtung, um Ihrem Hund keinerlei Rückendeckung zu bieten. Wenn Sie genügend Abstand gewonnen haben, geben Sie Ihrem Hund außerdem die Möglichkeit, dem anderen Hund zu signalisieren, „sorry, ich habe gerade keine Zeit, ich muss hinter meinem Menschen her".

- Wenn Sie auf Nummer sicher gehen möchten, legen Sie Ihrem Hund einen Maulkorb an. Völlig egal, was andere Leute denken, es kommt nur darauf an, dass Sie sich entspannt fühlen, während Sie Ihr konsequentes Programm (Sitz, Platz und Fuß) absolvieren.

Sie sollten zu Hause das Maulkorbtragen mit Ihrem Hund vorher üben. Schmieren Sie Leberwurst in den Maulkorb, schnallen Sie ihn nur kurz um, loben Sie Ihren Hund beim Maulkorbtragen. Macht er Theater, ignorieren Sie es, als wäre nichts. Im Übrigen sollte sich jeder Hund einen Maulkorb freiwillig anlegen lassen,

- **Nach erfolgreichem Üben sollten Sie einen Test durchführen.**
  Verabreden sie sich mit einem anderen Rüden, den Ihr Hund auf dem Kieker hat. Dieser andere Rüde sollte seinerseits nicht aggressiv sein und sollte in Sichtweite „SITZ" oder

„PLATZ" machen. Nun spazieren Sie mit Ihrem Hund an der durchhängenden Leine herum, seien Sie selbst total entspannt und achten Sie auf die Körpersprache Ihres Hundes. Macht er sich steif im Gang, geht er mit kurzen Schritten? Pfeffern Sie ihm sofort ein strenges „**NEIN**" an den Kopf. Es wird sich sofort umgedreht und Sie gehen schnurstracks in die andere Richtung. Ihr Hund darf sich nicht nach dem anderen Hund umsehen, er soll nur noch Augen für Sie und Ihr Tun haben. Gehen Sie zügigen Schrittes, gehen Sie um Bäume herum, gehen Sie Achten, machen Sie Aktion und spazieren Sie dann wieder in Sichtweite des anderen

Hundes. Diesmal etwas näher (gute 20 m). Jedes noch so kleine Interesse an dem anderen Hund wird sofort mit einem strengen „**NEIN**" korrigiert. Sie gehen wieder in die andere Richtung, lassen Ihren Hund „SITZ" und „PLATZ" ausführen, gehen wieder auf den anderen Hund zu, hat sich nichts verändert folgt sofort wieder „**NEIN**".

Dies sollten Sie an mehreren Tagen hintereinander absolvieren, damit Ihr Hund „abstumpft" und lernt, entspannt und an dem anderen Gesellen nicht interessiert zu sein. Sobald Sie erreicht haben, dass Ihr Hund beim Anblick des Anderen entspannt bleibt, unternehmen Sie einen gemeinsamen Spaziergang, nebeneinander, aber so, dass sich Ihr Hund im Zweifelsfall nicht auf den anderen Hund stürzen kann. Unterhalten Sie sich über irgendein Thema, nur **nicht** über Hunde! Sie werden sehen, es hilft.

Natürlich dauert das oben Beschriebene eine Zeitlang und lässt sich nicht innerhalb einer Woche abstellen. Aber glauben Sie mir – mühsam ernährt sich das Eichhörnchen … es wird!

- Sollte Ihr Hund vornehmlich knurren und drohen, weil er ängstlich und/oder schüchtern ist, müssen Sie ihn zu mehr Selbstvertrauen erziehen. Arbeiten Sie mit ihm, geben Sie ihm Aufgaben, bringen Sie ihm Kunststücke bei, betreiben Sie mit ihm Agility in einer Hundeschule. Nur so erzielt er wunderschöne Erfolgserlebnisse mit Ihnen. Zeigt er aggressives Verhalten, muss er ruhig und beharrlich korrigiert werden, ohne weiteren Stress aufkommen zu lassen.

Das ständige Leineziehen

Wer kennt es nicht? Es ist Zeit zum Gassigehen und sobald die Tür hinter uns zufällt beginnt es. Der Hund zerrt seinen Menschen durch die Gegend und das auch noch mit einem Tempo, dass einem schon beim Zuschauen schwindelig wird.

Auf Dauer lässt sich dieses Gassigehen nicht durchhalten, denn zum einen findet sich der Mensch irgendwann in der Physiotherapie wieder, um sein ausgekugeltes Schultergelenk wiederherstellen zu lassen und/oder der Hund ruiniert seine Luftröhre.

Also was tun? Natürlich schon im Welpenalter mit der Leinenführigkeit beginnen. Die meisten Menschen lassen sehr viele Unannehmlichkeiten in der Welpenphase durchgehen, doch vergessen Sie eins nicht ... das Hündchen wird ruckzuck ein ausgewachsener Hund von evtl. stattlicher Größe und mit dementsprechendem Gewicht.

Übungen für den Welpen:
Am besten Sie halten bei den Übungen ein Quietschetier in den Händen. Sobald die Aufmerksamkeit Ihres Welpen von Ihnen weicht, wird mit dem Quietschetier gequietscht. Unterbricht Ihr Hund sein Handeln und schaut Sie an wird <u>sofort</u> ausgiebig gelobt. Diese Übung muss natürlich x-mal wiederholt werden, nach dem Motto.... Ablenkung von Ihnen –

quietsch – Aufmerksamkeit bei Ihnen – Lob, Ablenkung von Ihnen – quietsch – Aufmerksamkeit bei Ihnen – Lob … usw.

Natürlich kann man auch noch im Erwachsenenalter diese Marotte des Leineziehens dem Hund abtrainieren. Vielleicht reagiert er dann nicht mehr so freudestrahlend auf ein Quietschetier, aber es gibt ja auch andere Möglichkeiten zur Einholung der Aufmerksamkeit.

Eine davon ist der <u>sofortige</u> Richtungswechsel. Strafft sich die Leine, wechseln Sie augenblicklich die Richtung, und zwar ohne Vorwarnung, denn der Sinn und Zweck dieser Übung ist es, Ihren Hund mit dieser Handlung zu überraschen. Wechseln Sie die Richtung, sobald an der Leine gezogen wird, und er Ihnen die Richtung vorgeben will. Gehen Sie Achten, gehen Sie um Bäume und Straßenlaternen, gehen Sie einen Schritt nach rechts, dann wieder zwei nach links, irritieren Sie Ihren Hund mit Ihren Handlungen, sprechen Sie kein Wort, beachten Sie Ihren Hund nicht, gehen Sie einfach weiter. Sobald er „verwirrt" neben Ihnen läuft, loben Sie ihn. Es mag ein wenig dauern, bis Ihr Hund „aufgibt", und wenn es auch nur für kurze Zeit ist.

Diese Übung wiederholen Sie täglich, sobald Ihr Hund sein Tempo steigert und sich wieder in die Leine hängt. Mit den ständigen Richtungswechseln werden Sie anfangs nicht in der gedachten Zeit zu Ihrem Ziel kommen, aber weder diese Tatsache noch die komischen Blicke Ihrer Mitmenschen sollten Sie davon abhalten, diese Übung konsequent durchzuführen.

<u>Eine weitere sehr sinnvolle Übung</u>
Sie lassen Ihren Hund an der linken Seite laufen, die Leine ist dann in Ihrer rechten Hand (geht er an der rechten Seite ist die Leine dementsprechend in Ihrer linken Hand) und lassen die Leine aber hinter sich herumlaufen, also so, dass sie aus Ihrer Hand hinter Ihnen herum an Ihren Kniekehlen vorbei zum Halsband des Hundes läuft. Wenn Sie nun vorangehen,

erhält Ihr Hund automatisch kleine Rucke am Halsband, sobald er
sich Ihrem Tempo nicht anpasst,
ohne dass Sie viel dafür tun müssen. Er wird sehr schnell versuchen, diese Rucke zu vermeiden
und wird Ihrerseits <u>sofort</u> gelobt,
wenn er anständig neben Ihnen
läuft. Diese Situation verbinden
Sie mit dem Kommando „Fuß".

Die große Frage aller Hundebesitzer – KOMM! Warum hört mein Hund nicht?

Der Befehl „KOMM" ist für den Hund einer mit der schwersten Befehle. Er muss sein Handeln unterbrechen, das er im Übrigen interessanter findet als das langweilige zu Ihnen Kommen.

Zuerst möchte ich Ihnen einige Varianten des KOMM-Rufens näher bringen, die Sie sicherlich selbst schon auf Ihren Spaziergängen gehört haben, evtl. auch schon selbst angewandt haben!

Zum einen gibt's da den Verführungstrick, indem Sie Ihren Hund zuckersüß mit den Worten „Benny, komm! Komm hierher zu Frauchen, Benny.... Mmmh schau mal, was Frauchen Leckeres hat ... Komm ..." rufen.

Sehr oft höre ich den absoluten harten Befehlston „Komm sofort hierher!"

Doch das Nonplusultra für mich ist die Variante, bei der Frauchen/Herrchen nur den Namen ruft ... Bennyyyyyyyyy! Bennybennybennyyyyyyyyy". Wahrscheinlich würde ihr Hund gehorchen, wüsste er nur, was Sie von ihm wollen! Hier stellt sich doch die Frage, Benny, was? Benny, Blumenkohl schälen? Benny, Rasen mähen? Nein, ganz einfach „Benny, KOMM".

Das hört sich ja jetzt alles ganz einfach an, aber ich sag Ihnen etwas … von nichts kommt nichts.

Also was ist zu tun? Gestalten Sie das KOMM für Ihren Hund attraktiv und dabei gehen Sie folgendermaßen vor:

1. Das „KOMM" wird immer in einer von Ihnen kontrollierten Situation geübt. Ab besten Sie beginnen ihre Übungen an der Leine im Haus. Gehen Sie einige Schritte mit durchhängender Leine herum, bauen Sie Richtungswechsel ein, gehen Sie nach links oder nach rechts und rufen Sie Ihren Hund. Sobald er ihnen folgt, wird jeder

Schritt, den er auf Sie zu-
macht, sehr freundlich belobt.

2. Nun können Sie das „Weglauf-
   oder Versteck-Spiel" üben. Eine
   Hilfsperson hält Ihren Hund am
   Halsband oder an der kurzen
   Leine, während Sie Ihren Hund
   durch animiertes Spielen „auf-
   drehen". Nach kurzer Zeit laufen Sie außer Sichtweite und
   rufen „KOMM Benny!" Erst dann
   lässt die Hilfsperson Ihren
   Hund los, damit er voller über-
   schwänglicher Freude Sie suchen kann. Loben Sie Ihren
   Hund genauso überschwänglich,
   lassen Sie ihn „SITZ" machen,
   wenn er zu Ihnen kommt. An-
   zumerken ist, dass Sie diese
   Übung nicht mehr als dreimal

hintereinander üben sollten –
Ihr Hund soll diese Übung immer mit Spannung ausführen.

3. Legen Sie Ihrem Hund nun eine
   10 m-Schleppleine ans Brustgeschirr und gehen Sie mit ihm
   los. Die Leine soll nicht ge-
   strafft sein und sobald Sie be-
   merken, dass Ihr Hund abge-
   lenkt ist, rufen Sie ihn mit dem
   Befehl „KOMM, Benny". Wenn
   er es befolgt, loben Sie ihn
   ausgiebig mit Worten oder auch
   mit einem Leckerchen und setzen Sie Ihr Üben fort. Rück-
   wärtsgehen, verstecken, rufen,
   loben.

Erzielen Sie gute Erfolge bei
dieser Übung, bauen Sie lang-

sam Ablenkungen ein, lassen Sie Ihren Hund mit einem anderen Hund spielen, rufen Sie ihn aus dem Spiel heraus wie zuvor beschrieben.

Ist Ihr Hund im Spiel vertieft, und befolgt er dadurch Ihre Anweisung nicht, geben Sie ihm einen kurzen Ruck mit der langen Leine und rufen Sie ihn erneut mit „KOMM Benny"! Loben Sie ihn ausgiebig, wenn er nach dieser kleinen Korrektur zu Ihnen eilt und beenden Sie die Übung nach dieser Überraschungs-Korrektur.

Vergessen Sie eins nicht bei dieser Übung: Es ist sehr wichtig, Ihren Hund stets mit der absolut festen Überzeugung zu rufen, dass er zu Ihnen kommt. Lassen Sie bei sich in dieser Hinsicht den geringsten Zweifel aufkommen, Ihr Hund kommt sowieso nicht zu Ihnen, wird Ihr Hund dies sofort spüren – und Sie haben verloren.

Mein Hund jagt – was kann ich dagegen tun?

Wer kennt es nicht, Sie gehen frohen Mutes auf dem Feld oder im Wald spazieren und plötzlich nimmt Ihr Hund eine Wildspur auf und ist wie von Sinnen auf und davon. Ein Alptraum eines jeden Hundebesitzers.

Das Jagen ist ein je nach Rasse mehr oder weniger stark ausgeprägter Instinkt **ALLER** Hunde, der der Nahrungsbeschaffung und somit dem Überleben dient. Es löst beim Hund eine Schwemme von Glückshormonen aus, gegen die wir Menschen nur sehr schwer ankommen können. Die Jagd lässt sich in drei Bereiche gliedern:

- Eine Spur suchen
- Die Spur ausarbeiten
- Die Beute fangen und töten

Bei der Frage, warum jagt mein Hund, lässt sich festhalten, dass Jagen grundsätzlich selbstbestärkend ist. Die Ursachen hierfür können unterschiedlich sein:

- Zu wenig Beschäftigung, Langeweile beim Spaziergang, da keinerlei Aktionen
- Erlerntes Verhalten durch selbständige Ernährung, z. B. bei ehemaligen Straßenhunden
- Genetisch bedingtes Verhalten

Abhilfe

Durch mehr Beschäftigung und Auslastung Ihres Hundes, z. B. Agility, Fahrradfahren, auf Ihren Spaziergängen Übungen aller Art durchführen – von kleinen Kunststücken bis hin zur Unterordnung – schaffen Sie es, dass die Spaziergänge für Ihren Hund mehr bedeuten als nur „Gassi gehen".

Hunde gehen nicht spazieren. Menschen dagegen wollen dabei relaxen, doch Hunde haben das Bedürfnis, Territorium zu kontrollieren, zu markieren, das Jagdrevier zu kontrollieren, Beute zu machen.

Es gibt einige Möglichkeiten, diesem Problem zu begegnen. Es sollte die Kopfarbeit gefördert und der Gehorsam gefestigt werden.

Haben Sie schon mal darüber nachgedacht, mit Ihrem Hund gemeinsam auf Jagd zu gehen? Sicher fragen Sie sich jetzt, wie soll das denn gehen... ganz einfach ...

Mit dem Futter-Dummy arbeiten und zur Jagd gehen!

Der Futter-Dummy dient quasi als Beuteersatz. Er wird mit Trocken- oder Nassfutter gefüllt, dient dazu, die Rangordnung aus hundlicher Sicht klar zu definieren und die Kommunikation zwischen Ihnen und Ihrem Hund zu fördern.

Training

Ihr Hund sollte eine 10 m-Schleppleine am Brustgeschirr tragen und am Futter-Dummy befestigen Sie eine dünnes 2 m Seil. Machen Sie Ihrem Hund klar, dass der Futter-Dummy auch für Sie interessant ist und spielen Sie erst einmal allein damit. Haben Sie nun bei Ihrem Hund das Interesse dafür geweckt, darf er mitspielen. Der Futter-Dummy wird somit ein wichtiges Spielzeug (Beute) zwischen Ihnen und Ihrem Hund.

Geben Sie den Futter-Dummy nicht aus der Hand und fordern Sie Ihren Hund fröhlich zum Beutespielen auf – auch zum Hinterherjagen. Sobald Ihr Hund den Dummy ins Maul nimmt, belegen

Sie sein Verhalten mit dem Wort „BRINGS".

Sollte Ihr Hund nicht freiwillig mit der „Beute" zu Ihnen zurückkehren, zupfen Sie ein wenig am Seil, das am Dummy befestigt ist und ziehen Sie Ihren Hund behutsam zu sich. Viele Hunde sind nicht gewillt, sofort Ihre „Beute" abzugeben. Versuchen Sie einen Tausch, indem Sie Ihrem Hund ein absolut tolles Leckerchen als Tausch anbieten. Sie werden sehen, Ihr Hund lässt sich darauf ein!

Nachdem Ihr Hund Ihnen den Futter-Dummy überlassen hat, darf er einen Teil des Inhaltes fressen. Bitte dabei den Dummy nicht aus der Hand geben und darauf achten, dass der Hund auch aus dem Dummy frisst, denn damit entsteht eine Verknüpfung mit dem Dummy und nicht mit Ihrer Hand.

Diese Übung sollte solange eingeübt werden, bis Ihr Hund Ihnen den Dummy freudestrahlend übergibt. Er macht hierbei die Erfahrung, dass Sie für die Jagd genial sind, die Beute in Sekundenschnelle öffnen können und er seine Beute bekommt.

Im nächsten Schritt soll Ihr Hund lernen, Ihnen von sich aus die Beute zu bringen.

Beginnen Sie damit, den Futter-Dummy vor den Augen Ihres Hundes im kurzen Abstand zu verstecken. Ihr Hund befindet sich im „SITZ" oder „PLATZ" und darf das Geschehen aus nächster Nähe beobachten. Auf das von Ihnen gegebene Kommando „SUCH DUMMY" darf er loslaufen und den Futter-Dummy holen. Ein daraufhin von Ihnen freundliches „BRINGS" wird Ihren Hund evtl. nicht gleich dazu animieren, mit dem Dummy zu Ihnen zurückzukehren. Ein kleiner Zupfer an seiner Schleppleine zeigt ihm, dass es äußerst notwendig ist, auf direktem Wege mit seiner „Beute" zu Ihnen zu kommen. Verlangen Sie ein „SITZ" von Ihrem Hund, wenn er vor Ihnen sitzt, öffnen Sie den Futter-Dummy und lassen Sie ihn die „Beute" fressen.

Klappt alles soweit erst einmal, gibt es viele Varianten, um diese Dummysuche anzuwenden. Sie können dieses Beutespiel im Garten oder beim Spaziergang immer und immer wieder beginnen.

Endziel dieses „Jagdspiels" soll sein, dass Sie den Futter-Dummy während Ihres Spaziergangs einfach fallenlassen, ihn also entweder seitlich ins Gras werfen oder ihn am Baumstamm befestigen, ohne dass Ihr Hund etwas davon mitbekommt.

Nach einiger Zeit machen Sie Ihren Hund mit den Worten „Hey Benny, wo ist der Dummy?" darauf aufmerksam. Sie werden begeistert feststellen, wie erwartungsvoll Ihr Hund Sie anschaut und nur darauf wartet, von Ihnen zur „Jagd" geschickt zu werden.

Bringen Sie anfänglich Ruhe in die Situation, indem Sie Ihren Hund „SITZ" machen lassen. Hält er Blickkontakt zu Ihnen, geben Sie ihm nach einigen Sekunden das Zauberwort „SUCH DUMMY".

Voller Eifer wird Ihr Hund sich auf die „Jagd" machen und Ihnen voller Stolz die „Beute" vor die Füße legen, denn er hat gelernt, dass er nur durch Sie als Rudelführer an die „Beute" gelangt.

Eins möchte ich Ihnen noch mit
auf Ihren Übungsweg geben:
Haben Sie bei den einzelnen
Übungsschritten viel Geduld.
Sie werden glücklich feststellen,
dass sich Ihre Mühe auszahlt, und
sie Beide mit liebevoller Konsequenz ein starkes Team werden!

In diesem Sinne wünsche ich Ihnen
viel Erfolg.